AF211994

Autorin: Marion Walz

Herstellung und Verlag:
Books on Demand GmbH, Norderstedt
ISBN 978-3-8391-5073-3

Umschlag: Fotolia.com
          Ramona Heim

Lust auf Mee(h)r?

5. August 9:oo Uhr !!!!!!! Endlich ist es soweit.......

Nun ist der Tag angerückt, an dem Matthiew und Melina von ihrem Papa und dessen neuer Freundin abgeholt werden, um eine Woche Urlaub auf dem Bauernhof zu machen.....

Ungeduldig stehen sie am Fenster und können es kaum noch aushalten, bis die Fahrt endlich los geht.....
Lange müssen sie nicht warten, da klingelt es auch schon an der Tür.

Ich mache auf, und die Kinder stürzen bereits an mir vorbei, um ihren Papa zu begrüßen.
Mein Noch-Mann und ich führen einen kurzen Small –Talk, stimmen uns ab, wann die Kiddies wieder gebracht werden.
Anschließend verabschiede ich mich von Matthiew und Melina die kaum noch Augen für mich übrig haben und..... die Tür schnappt zu....!!!!

Wow denke ich, alleine!!!!!!

Toll. Das erste Mal alleine...... Ich muss hier mal anmerken: 10 Jahre Ehe, die Kinder rund um die Uhr versorgen, nie einen Babysitter zur Hand haben..... da kann man sich sicher vorstellen, dass man sich in Gedanken schon mal wünscht einfach auszubrechen. „Das kann ich ja nun", denke ich so bei mir und kann mal eine Woche die Ruhe genießen, relaxen, einfach die Seele baumeln lassen..."
Natürlich werde ich sie vermissen meine zwei Rabauken, denn die beiden waren noch nie von mir getrennt, nicht in dieser Konstellation.
Ja es ist ein komisches Gefühl....... so ganz alleine, aber das Leben ist schön...
Nur was kann ich jetzt mit meiner unendlich freien Zeit anfangen??????

Den Gedanken daran verdränge ich und erledige zu aller erst meine Hausarbeit. Das Übliche eben... Geschirr spülen, Wäsche waschen bügeln, aufräumen.
Die Arbeit geht mir rasch von der Hand und ich bin gut gelaunt... Der restliche Teil des Tages geht

auch recht schnell vorüber. Alle Arbeiten sind erledigt.

Am Abend setze ich mich gemütlich in einen Sessel, lese und genieße einfach die zurückgewonnene Ruhe.

An diesem Tag gehe ich frühzeitig zu Bett.

Nun kann auch mein Urlaub beginnen!!!!!!

Es ist der 6. August

Der neue Tag bricht an. So krabble ich langsam aus meinem Bett, wasche mich und ziehe mich an.

Ich hole mir beim Bäcker ein paar Brötchen und mache es mir auf der Terrasse gemütlich.

Während ich meinen Kaffee genieße, lese ich die Morgenzeitung.

Hmmmm langsam wird auch mir klar, wie ruhig alles im Haus ist, einfach unheimlich, kein Leben um mich herum, kein Geschrei, keine Aufforderung an mich: „Mami kannst du mal" oder „Mami nein das mach ich nicht." Oh, wie ich das liebe!!!!!

Dieses hin und her, das wird mir bereits nach dem 1.Tag bewusst.

Plötzlich kommt mir eine Idee!!!!!
Sicher wollt ihr wissen was für eine... **smile**...
Verreisen!!!!
Klar, was auch sonst. Wenn einem die Decke auf den Kopf fällt, dann muss man verreisen.
Kurzentschlossen beginne ich, meinen Koffer zu packen. Ich überlege mir, wohin ich so kurzfristig fahren könne.
Letztendlich habe ich mich für die Insel Rügen entschieden.
Tja, ihr fragt euch sicher warum? !!!
Hmmm, schon immer wollte ich mal an die Ostsee... Das ist die Gelegenheit...

Gebucht habe ich natürlich nicht, denn ein Plätzchen gibt es immer auf der Welt...

Inzwischen zeigt die Uhr 13:30

Ich drucke mir noch schnell eine Fahrtroute aus dem Internet aus, verstaue meinen Koffer in meinem kleinen Peugeot 205 und los geht's.....
Das Abenteuer kann beginnen!!!!

Bis Uelzen benutze ich die Autobahn, dann geht's runter auf die Landstraße. Schließlich möchte ich ja auch noch ein bisschen die Landschaft genießen.
Ich fahre durch die Alleen, genieße die Landschaft die wirklich einzigartig ist, selbst in Rom komme ich vorbei... **Hi, hi**...
Nein, ich bin natürlich nicht in die falsche Richtung gefahren, Rom gibt es eben nicht nur in Italien.......
Alte Straßen und Gassen, was fürs Auge eben.
Einfach nur schön!!!!

Es ist jetzt halb eins in der Nacht und ich bin ohne Hindernisse in Stralsund angekommen. So nun mache ich mich daran die Fähre zu suchen... .
„Boah," denke ich, „gleich habe ich mein Ziel erreicht, dann ein Zimmer, ein Bett und ja, schlafen!!!!!!!
Och, was bin ich müde! ...."

Leider ist der Fährbetrieb nicht mehr im Gange. Auf dem Schild steht zu lesen:
  „Fähre betriebsbereit - morgens 9:00 Uhr bis abends 21:00 Uhr... "
Oh denke ich: „ Was nu?" Das fängt ja gut an!
Wieder zurück im Ortskern, parke ich mein Auto vor einer Pension.....

Ich steige aus, gehe an die Tür und klingle. Doch zu meiner Verwunderung macht mir niemand auf... „Das darf doch nicht wahr sein," denke ich, „ was mache ich jetzt?" Sitze hier mitten auf der Straße und weiß nicht weiter. Auf der Straße weit und breit kein Mensch zu sehen...

So setze ich mich wieder ins Auto und fahre weiter...
Nach zwei bis drei Kilometern traue ich meinen Augen nicht.
An einer Brücke erneut ein Schild:
                    - Rügen 5 km -

...**lach**... , wie kann man nur so dusselig sein, da fahr ich jetzt über ne Stunde im Ort herum ohne Erfolg für eine Nacht ein Bett zu ergattern und das Ziel, doch so nah.....
Also geht's ab nach Rügen. Inzwischen ist es bereits viertel nach Eins in der Früh, als ich endlich in Rügen ankomme. Ich folge einem Schild „Motel" und bin der festen Meinung, hier endlich meine verdiente Nachtruhe zu bekommen.

Noch gut gelaunt aber auch erschöpft von der Fahrt gehe in durch den Eingang des Motels. An der Rezeption werde ich auch gleich sehr, sehr freundlich bzw. fürsorglich begrüßt.

Ich frage die freundliche Dame nach einem Zimmer und was bekomme ich zu hören? "Tut mir sehr leid, aber wir haben kein Zimmer frei. Ich mache Ihnen erst mal einen Kaffee." Ich schlürfe lustlos meinen Kaffee, während die nette Dame im Umkreis herumtelefoniert, um vielleicht doch noch eine Unterkunft für mich zu finden. „Nichts aber auch gar nichts zu machen. Tut mir wirklich leid, aber auf der Insel ist kein Bett mehr für Sie frei," antwortet die Dame. Alles ausgebucht!!!!

Sie kann sehr wohl die Enttäuschung in meinem Gesicht sehen und bietet mir an, in meinem Auto auf dem hauseigenen Parkplatz zu übernachten... Tja was soll ich machen, bleibt mir eine Wahl? .... Wollte ich nicht Abenteuer?????
Nun jetzt hab ich's.....

Etwas ängstlich, müde und niedergeschlagen wackle ich hinaus in die Dunkelheit zu meinem Auto.
Ich schließe es auf, klettere nach hinten auf die Rücksitzbank, verschließe mein Gefährt und schlafe total erschöpft und völlig verdreht ein.......

Es ist der 7. August

So gegen neun am nächsten Morgen wache ich auf.
Ganz vorsichtig strecke ich meinen Kopf zur Autoscheibe heraus. Oh, mir wird ganz anders. In diesem Augenblick denke ich: „Nein so verkrumpelt kann ich doch nicht aus dem Auto aussteigen." Inzwischen hat sich nämlich der Parkplatz mit Leben gefüllt. Die frisch geduschten Menschen setzen sich schräg gegenüber meines Autos in die Morgensonne und bestellen ihr Frühstück.
Immer noch sitze ich in meinem Auto, will nicht aussteigen, aber was soll`s. Ich kann ja jetzt nicht hier sitzen bleiben, bis es wieder dunkel wird...
Also versuche ich ohne ein Aufsehen von hinten auf den Fahrersitz zu gelangen und steige mit ein paar Toilettenartikel aus, um mich wenigstens ein wenig frisch zu machen.......

Zwei ältere Damen steuern direkt auf mich zu. Sagt die eine davon: „Sagen Sie mal, haben Sie heute Nacht hier im Auto geschlafen?" Ich? : „Ja das habe ich, leider habe ich kein Zimmer mehr bekommen!"

Darauf nochmals die ältere Frau: „ Nun da hätten Sie mal bei dem älteren Herrn klopfen können (ein Mitreisender aus dieser Gruppe), der hätte noch ein Bett frei gehabt." Ich mache einen Scherz und sage daraufhin: „Also, wenn ich das gewusst hätte, dann hätte ich heute Nacht sicherlich an die Tür geklopft..." Ich schmunzle und assoziiere......

...Och was gibt es doch nette Menschen...

Nach einem kurzen Wortwechsel verabschiede ich mich von den zwei Frauen, die mir noch eine schöne Zeit, vor allem aber natürlich auch noch eine gute Reise wünschen. Auch ich wünsche der Gruppe noch eine schöne Zeit.
Nachdem ich mich jetzt auch ein wenig frisch gemacht, anschließend ein ausgiebiges Frühstück zu mir genommen und mich von der Nacht so langsam erholt habe, bin ich wieder voller Tatendrang und: Natürlich auf der Suche nach einem Zimmer.
Die Sonne scheint und es ist einfach schön, denn ich bin fest davon überzeugt, schnell zu einer Unterkunft zu kommen.

Ich verabschiede mich von der Dame aus dem Motel, die ganz lieb war - mir jedoch wenig Hoffnung auf ein Bett macht - und fahre Richtung Binz......

Ich steuere auf den dazugehörigen Parkplatz beim Fremdenverkehrsamt und bewege mich zur Info. Die Menschen da sind zwar unheimlich lieb und nett, aber ein Zimmer gibt es nicht. Schlimmer als eine Exkursion!!!!!!!

Noch früh am Tag und voll guter Laune... So nehme ich mir eine Pension nach der anderen vor. Mich packt auf der einen Seite die Wut, auf der anderen Seite mein Ehrgeiz, hier ein Zimmer zu finden, denn sind wir mal ehrlich: Man ist doch nicht so blöde, fährt 11 Stunden um ein paar Tage zu relaxen und kehrt erfolglos am anderen Tag wieder zurück, nur weil kein Bett aufzutreiben ist...

Es ist inzwischen 14.00 Uhr...

Die letzte Pension......
Ich klingle und eine Frau macht mir auf.....

Das übliche Gespräch folgt..... „Guten Tag, vielleicht können sie mir weiterhelfen. Ich suche ein Zimmer inzwischen nur noch für 3 Übernachtungen, bisher jedoch ohne Erfolg." Auch die ältere Dame macht mir wenig Mut. Sie fragt mich ob ich aus der Pfalz komme, was ich zwar verneine, allerdings komme ich aus dem Mannheimer Raum, ja von der wunderschönen Bergstraße...
Aus ihren Worten kann ich spüren, dass ich ihr Herz gewonnen habe und somit, wie sich im Nachhinein feststellt, eine Unterkunft bekomme.

Sie verweist mich an ihren Sohn, dem seit geraumer Zeit die Pension gehört. Dieser erklärt mir, wie alle anderen auch, dass auf der ganzen Insel alles ausgebucht ist.

Hmmmmm langsam verlässt auch mich mein Optimismus. Macht nichts, so ist das Leben, bzw. die Reise:
Voll Herausforderungen, Träumen, Fantasien!
In diesem Augenblick wendet sich doch noch alles zum Guten... **grins**... , aber alles hat seinen Preis!!!!
Ich drehe mich schon um zum Gehen, als mich der Besitzer der Pension fragt: „Sind sie anspruchsvoll?"

Hellhörig geworden drehe ich mich wieder zu dem Wirt hin, und gebe zurück: „Nein natürlich nicht, ich bin gerade mal froh, wenn ich jetzt nach der nächtlichen und der bisherigen Aktion am Morgen endlich eine Unterkunft habe."

„Kurzgesagt, ich kann Ihnen gerne ein Zelt anbieten."
Ich nehme die Herausforderung an, lasse mir mein Zelt inmitten der Wiese, die im Innenhof liegt, aufstellen, umringt von kleinen Bungalows die vermietet sind.
Boah die erste Etappe ist geschafft. Und ich wie Kuh Elsa auf der Weide... **lach**... Macht nichts, Hauptsache ein Bett. , sorry eine Matratze.
All inclusive glaube ich, denn die Übernachtung im Zelt kostet 35,00 €. Ja mit dem Glauben ist das so ne Sache, gell? Der Hotelier macht mich darauf aufmerksam, dass ich gegenüber ab 6:00 Uhr im Cafe frühstücken kann.
Was soll`s, ich stimme zu, denn ein anderes Bett bekomme ich nicht und zurückfahren möchte ich natürlich auch nicht, denn ich möchte ja etwas erleben.

Die Zeit ist knapp. Ich habe jetzt vier Tage, die ich so ausnutzen möchte, dass ich natürlich auch etwas davon mit nach Hause nehme.
An dem heutigen restlichen Tag nehme ich mir nicht mehr sehr viel vor, denn trotz allem war die Suche, eine Unterkunft zu finden, doch mit ein paar Strapazen verbunden, keinen körperlichen, vielmehr mit seelischen......
Diese verflüchtigen sich jedoch bald, denn das Wetter ist supi und der Strand ist zumindest nicht weit...
Vergnügt schlendere ich dorthin und setze mich ans Wasser und lasse die zwei bisher vergangenen Tage Revue passieren.

Während die zwei Tage so in meinem Kopf ablaufen, muss ich doch lachen und erkenne: Herausforderungen sind bereits genügend vorhanden.
Es ist früher Abend und ich peile ein Lokal an, um meinen Hunger zu stillen. Ich sitze im hauseigenen Garten, bestelle mir Rinderfilet mit Kartoffeln, dazu einen Rotwein, genieße das Essen, verweile ein Weilchen dort und mache mich anschließend auf den Weg in die Pension.

Ich lasse es mir so richtig gut gehen. Gegen 23:00 Uhr mache ich den Reißverschluss meines Zeltes zu und...... versinke in meine Träume.......

8. August - die erste Nacht im Zelt!!!!!!

Lange schlafen kann ich jedoch nicht, denn so gemütlich wie ein Hotelzimmer ist eben das Zelt nicht. Dennoch: Das Leben ist schön!!!!! Und ich genieße die Zeit.

Boahhhhhh geschafft.

Mein Tag beginnt mit Duschen und Anziehen.

Nachdem mein Körbchen mit den Waschutensilien in meinem Zelt verstaut ist, gehe ich zum Nachbar, **smile**,,,, dem Bäcker gegenüber meiner Pension und nehme mein wohlverdientes Frühstück zu mir.

Der dritte Tag auf Rügen, ach was die Zeit vergeht.....

Heute ist ein besonderer Tag...
Ein Tag ohne Hindernisse, so meine ich. Das soll sich im Laufe des Tages noch ändern...

Ich nehme mir etwas besonderes vor. Wenn man auf Rügen ist, ist es ein Muss, mit dem „Rasenden Roland" zu fahren. Eine Sensation, diese alte Dampflok... Circa 5 min. von der Pension liegt der Bahnhof entfernt. Ich gehe hinein an den Schalter und erkundige mich, wann der Zug kommt.
Die Frau schaut mich an und teilt mir folgendes mit. „ Da haben sie wohl Pech!" Der ist gerade abgefahren und der nächste kommt erst wieder in eineinhalb Stunden. Wenn sie jedoch ein Stück des Weges laufen, dann kommen sie an die nächste Haltestelle, dort können sie den nächsten Zug erreichen."
Tolle Aussichten!!!!!!!!! Habe ich das verdient?????

Nun ja, so verlasse ich eben den Bahnhof und folge dem Weg, den die Dame vom Schalter mir beschrieben hat. Ich wandere eine Weile und komme an ein Waldstück GRRRRRRR!!!!!!! Unheimlich, wenn ich so darüber nachdenke. Keine Menschenseele... aber einen anderen Weg gibt es nicht. Ich laufe weiter. Hinter mir Schritte......... Es ist unheimlich und ich werde immer schneller. Das kann nur mir passieren!!!!!!

Meine Gedanken schweifen an mein zu Hause, zu meinen Freunden, zu meinen Kindern. Keiner weiß, wo ich bin, keiner hat auch nur die leiseste Ahnung, dass ich auf Rügen bin, einfach von der Bildfläche verschwunden.

Noch ein paar Meter da komme ich an einen Aussichtsturm... Ja, lacht jetzt nicht, aber der ist wegen Renovierung gesperrt. Also wandere ich weiter des Weges, immer durch den Wald in der Hoffnung an dieser Haltestelle anzukommen.
Ich glaube, ich bin schon fast zwei Stunden gelaufen.
Die Haltestelle ist zwar da, aber alles verlassen und leer. Ich gehe noch ein Stück und komme an eine Lichtung. Diesem Weg folge ich.

Dort befinden sich eine Busstation und ein Andenkenlädchen. Ich gehe in das Lädchen und frage, wie weit es noch zu Fuß nach Görlitz ist.
Der Herr ganz erstaunt: „Ja meine liebe Frau, sie wollen doch nicht etwa zu Fuß nach Görlitz????"
Ein Lächeln breitet sich über das Gesicht... „Hi, hi, hi, schaun sie mal nach draußen..." Ok, das tue ich auch ganz verdutzt, denn ich bin der Meinung dass man mich gerade veräppelt.....

Draußen ein Schild: - Görlitz 14 km -...

Oh nein!! Ich glaub`s ja nicht..... Und jetzt?
Der Mann sieht meine Stirn vor Verwunderung,
dass Görlitz 14 km weit entfernt ist, sich runzeln
und sagt: „Gehen sie mal da rüber zu dem
Busfahrer, vielleicht nimmt er sie ein Stück mit,
obwohl dies kein gewöhnlicher Busverkehr ist,
sondern es sind gebuchte Reisen, die einfach hier
Halt machen.

Ich bedanke mich bei dem Mann für die nette
Auskunft und verlasse das Lädchen.
Zumindest ist das Wetter schön... „Also nur keine
Panik," denke ich so bei mir.
Schnurstracks gehe ich auf den Busfahrer zu und
frage ihn, ob er mich nach Görlitz mitnehmen
könne.

Tja eigentlich schon, aber er schickt mich wieder
Richtung Wald, denn wenn ich mich etwas spute,
dann erwische ich den „Rasenden Roland"
noch.....

Ihr könnt euch sicher vorstellen was jetzt kommt.
Ja knapp 10 min. bleiben mir, um wieder an diese
Haltestelle im Wald zu gelangen.

Im Dauerlauf hechte ich zurück in den Wald.
Außer Atem komme ich an der Haltestelle an. Und
zu meinem Erstaunen, stehen jetzt auch noch
andere Menschen hier..... **lach**...
Boah....... jetzt aber. Noch zwei, drei Minuten. Der
Zug lässt auch nicht länger auf sich warten...
Endlich kann ich einsteigen..... zisch, zisch und
der Zug fährt ab... Ich bin total geschafft.

Tja durch diese Eskapaden ist mir natürlich auch
der Sinn für diese schöne Landschaft vergangen,
denn ich bin einfach nur froh, in diesem Zug zu
sitzen. An der Endstation Görlitz, steige ich aus.

Normalerweise hätte ich mir gerne das Städtchen
Görlitz angesehen. Beim Aussteigen wird mir
jedoch kurzerhand klar, dass ich noch so
geschlaucht bin von der Tortur, diesen Zug zu
erwischen, dass ich Richtung Strand gehe und
erst mal ein nettes Fischlokal aufsuche.

Dort speise ich Seelachs mit Kartoffeltaschen an
Salat und lasse meine Seele baumeln. Vorzüglich
das Essen!!!!!!
Lust, etwas mir anzusehen, habe ich jetzt nicht
mehr, denn meine Füße sind vom Laufen ziemlich
müde.

So beschließe ich, mir eine Strandmatte zu kaufen und lege mich einfach an den Strand.
Schließlich möchte ich ja Urlaub machen und bin nicht auf der Flucht.....
2 Stunden Strandzeit, dann mache ich mich wieder zur Rückfahrt bereit......

Es ist jetzt schon spät als ich in den Zug einsteige.

Die Rückfahrt verläuft reibungslos. Bis zum Ende der Fahrt denke ich, es müsse doch noch irgendetwas schief gehen. Aber...... das sind an diesem Abend nur meine Gedanken...
Ich steige aus dem Zug aus und schlendere zur Pension. Dort gehe ich Richtung Zelt, hole wie schon gewohnt mein Körbchen mit den Waschutensilien und bewege mich zur Dusche.

Der weitere Abend verläuft ruhig. Ich sitze mit ein paar anderen Feriengästen im Garten der Pension und lerne dort auch eine Frau kennen, die alleine mit ihren zwei Kindern hier Ferien macht.

Mit dieser verabrede ich mich für den nächsten Tag, um an den Strand zu gehen.

Wie ich schnell feststelle, bin ich schon ziemlich bekannt bei den anderen Gästen, denn es ist schließlich nicht üblich, dass ein Zelt mutterseelenalleine umringt von Bungalows auf der Wiese steht. An diesem Abend steht das Erzählen und das Lachen im Vordergrund.....
Es ist spät und ich falle regelrecht in mein Zelt...

Die zweite Nacht überstehe ich auch ... **grins**...

9. August - Strandtag ist angesagt

Heute ist Strandtag... Mit meiner neu errungenen Bekanntschaft habe ich mich erst gegen 14:00 Uhr verabredet. Die Sonne scheint schon ganz gewaltig, so dass man sich auf einen schönen Tag einstellen kann.

Nach dem Frühstück laufe ich Richtung Strand. Während ich so die Straße entlang schreite komme ich am Marktplatz vorbei. Es ist noch früh und so mache ich zunächst Rast und setze mich auf eine Bank.

Plötzlich kommt mir eine Idee:

Gleich werde ich ein paar Freunde anrufen, um diesen mitzuteilen, wo ich stecke... ** lach **..., das glaubt mir eh keiner, oder??????
Ich nehme mein Handy und wähle die Nummer einer Freundin. Zum Glück meldet sich Christa und ich übermittle ihr freudig die Nachricht darüber, wo ich stecke.....

Überrascht, dann erst mal Funkstille, nach zwei, drei Momenten dann eine Antwort: „Wie, wo steckst du????? Nein, das ist doch jetzt ein Scherz? !?!?" Ja, ich muss schon zugeben, dass ich für meine Scherze bekannt bin.
Mit viel Überzeugungskraft habe ich es letztendlich doch geschafft, dass sie mir zumindest abnimmt, dass ich auf Rügen bin...
Tja, so geht es mir auch bei der nächsten Freundin...
Boahhhhh, das ist ja harte Arbeit... Reden, reden – ich grinse so vor mich hin – ja das Reden war schon immer meine Stärke.

Vom vielen Erzählen am Telefon ist mein Hals schon ganz ausgetrocknet. Jetzt noch schnell den Durst löschen und weiter geht`s. Das Meer wartet auf mich...

Oh wie schön!!! Ja das gibt's noch!!!

Es gibt in der Tat noch Menschen wie mich...**smile**..., die sich an kleinen Dingen erfreuen können, auch wenn es sich in unserer Welt weitgehend nur noch um Konsum dreht... Man kann zusehen, wie sich der Strand von Stunde zu Stunde füllt... Voller Leben hier. Der Duft des Meeres, das Salz in der Luft!!!!! Könnt ihr es riechen???

Ich bin schon viel früher am Strand als Martina, meine neue Bekannte, mit ihren Kiddies. Lesen ist angesagt...
Ja sicher doch, man kommt als alleinerziehende Mutter doch nicht unter normalen Umständen zum Lesen, oder??? Man ist viel zu sehr mit anderen Arbeiten beschäftigt und gönnt sich selbst am wenigsten.

Muttertier halt, das sich auf die nächste Generation sicher auch weiter überträgt...
Und wo bitte ist das Vatertier???
Jetzt aus den vollen schöpfen... Die restlichen Tage sind für mich.
Ich schlafe und esse, wann ich möchte und kann tun und lassen, was ich will.

Ihr fragt euch, was eine Mutter liest, die sich für ein paar Tage eine Auszeit nimmt.....
Sicherlich keine Klatschzeitschriften, auch keine Elternzeitschriften frei nach dem Motto: „Hilfe mein Kind wird erwachsen."

Nein, das weiß ich ja schon, ich war, auch wenn es schon ein paar Tage her ist, selbst Kind.....
Gerne erinnere ich mich daran zurück.
Ich lese das Buch: „Das Mädchen mit dem Perlenohrring"... sehr spannend!!!!

Es ist fast 12:00 Uhr und langsam bekomme ich Hunger...

Ein nahe gelegenes Restaurant lädt zum Essen ein. Auch in diesem Restaurant ist das Essen einfach spitze und die Menschen sehr freundlich und nett. Ich esse an diesem Tag Lachs mit grünen Nudeln in Weinsahnesoße. Hmmmmm, einfach lecker!!!!
Dort verweile ich etwa eine Stunde, lasse mir die Rechnung bringen, welche ich begleiche und kehre dann gesättigt und gut gelaunt zum Strand zurück.
Keine Bange ... **smile**..., die Weinsoße merkt man mir nicht an, hicks,... **lach*.....

Am Strand ziehe ich es vor, barfuß durch den Sand zu laufen..., ein wunderbares warmes und sehr angenehmes Gefühl.

Ich fühle mich pudelwohl und kann die Seele so richtig baumeln lassen. In diesem Moment kann ich mich richtig wahrnehmen, ich spüre jedes Detail meines Körpers, den Duft des Meeres in der Luft und die vielen Menschen um mich herum.
In all der Hektik, dem Alltag, nimmt man einfache Dinge gar nicht mehr wahr. Ich besinne mich somit wieder auf die kleinen Freuden des Lebens und bin glücklich!!!!!

Inzwischen ist auch Martina, meine Bekannte mit ihren beiden Räubern am Strand angekommen und hat sich zu mir gesellt.
Maxi und Miriam sind nach ein paar Sekunden Richtung Meer verschwunden.
Und wir haben Gelegenheit, uns ein wenig näher kennenzulernen und zu erzählen.
Und das ist doch bekannt... **lach**..., wenn Frauen zusammen sitzen und erzählen........ den Rest könnt ihr euch denken..... lästern, lästern.
Gesprächsthema Nr. 1 sind die lieben Männer.
Nun ja, aber nicht das einzigste an diesem Tag.

Schließlich gibt es auch noch andere interessante Themen!!!!

Ansonsten lachen wir viel und spielen zwischendurch mit den Kindern Ball. Nicht dass ihr meint, auch sie sei alleinerziehend, nein ihr Mann ist zu Hause am Arbeiten und sie nimmt sich eine Auszeit, allerdings mit ihren Kiddies und macht Urlaub auf Rügen!!!!!
Ist das nicht toll? So hat auch der Mann mal Zeit für sich und kann sich voll und ganz seiner Arbeit widmen. **Hi, hi**....

Wir liegen halb im Schatten, halb in der Sonne und merken, dass auch wir mal ne Abkühlung brauchen können und springen ins kühle Nass. Wir schwimmen ein Stück hinaus und kommen nach einer Weile an unseren Platz zurück.
Oh Schreck...... oh Schreck, jetzt ist auch noch mein Handtuch weg..... Der Tag hat wunderbar angefangen und nun schon wieder ein Malheur. Wo ist denn nun mein Handtuch abgeblieben? Es erweckt vielleicht den Anschein, dass bei mir alles so chaotisch abläuft, ja langsam kommen auch mir meine Zweifel, aber ich kann euch

versichern, dass in meinem Umfeld noch alle Häuser stehen,... **grins**... Ach, wie schön doch alles ist, man darf nur nicht alles so todernst sehen.

Das wird mir an diesen Tagen sehr deutlich bewusst.
Und wie heißt es so schön: „Vögel können fliegen, weil sie nicht alles so schwer nehmen... " Gell????

Ja mein Handtuch, ich kann auch im ersten Moment gar nichts sehen außer einem Hund mit seinem schlafenden Herrchen, die gleich neben uns liegen. Es ist ein Bernersennenhund. Ein schönes, aber auch ein großes Tier.
Nach näherem Hinschauen sehe ich, dass sich dieses Tierchen es auf meinem Handtuch breitgemacht hat.

Na toll denke ich, das Herrchen schläft und der Hund bedient sich der herumliegenden Handtücher..... **Hi, hi**...
Wollte wohl auch eine weiche Unterlage haben!!!!!
Ich wende mich an den schlafenden Besitzer und versuche, mich auf ihn aufmerksam zu machen.

Langsam bewegt er sein Haupt und schaut mich ganz verblüfft an, als ich sage: „Entschuldigen Sie bitte, aber ihr Hund hat wohl eine weiche Unterlage gesucht und sich auf mein Handtuch gelegt."
Ungläubig schaut er erst einmal zu mir auf. Nachdem sich der Hundebesitzer so einigermaßen aus dem Schlaf erholt hat, schaut er in Richtung seines Hundes. Der Hund liegt seelenruhig auf meinem Handtuch, schaut uns ab und zu mal mit seinen braunen Augen an und schläft gleich weiter, als ginge es ihn überhaupt nichts an.

Der Besitzer des Hundes dreht sich wieder zu mir hin und lacht. „Ja", sagt er zurück „da sind sie wohl selbst schuld, wenn sie denn auch ihre Sachen so herumliegen lassen"...
Ich fasse dies als Scherz auf und wir lächeln beide darüber, denn der Hund fühlt sich sichtlich wohl auf meinem Handtuch und macht keine Anstalten aufzustehen. Wir vereinbaren, dass ich mein Handtuch später bekomme und lasse zu allererst dem Hund seinen wohlverdienten Schlaf.....
Zum Glück kann ich ja noch auf ein anderes Handtuch zurückgreifen.

Zurück an meinem Platz bemerke ich, dass auch Martina gerade ihr Mittagsschläfchen hält.

Die Kinder von Martina spielen ruhig am Wasser und bauen eine Sandburg, während ich mein Buch weiter lese.....

Die Landschaft, das Meer, die Bekanntschaften. Oh wie wunderbar..... am liebsten würde ich den Urlaub verlängern, obwohl mir meine zwei Nasen Matthiew und Melina sehr fehlen. Sie werden mir nicht glauben, dass ich einfach ausgebrochen bin. Also nehme ich mir schon heute vor, ihnen eine Kleinigkeit mitzubringen.

Die Kiddies von Martina sind vom Herumtoben schon ganz müde. Sie sind ständig am Gähnen und fangen jetzt auch an, ein bisschen zu quengeln.
Maxi jammert: „Mami ich habe Hunger, Miriam ärgert mich, ich will nach Hause". Miriam hingegen wehrt sich natürlich und entgegnet darauf hin: „Das stimmt ja gar nicht, Maxi ist so blöd, der lässt mich nicht in Ruhe, ich ärgere ihn überhaupt nicht".

Die Anspannung ist natürlich in Martinas Gesicht geschrieben, denn wem soll sie jetzt recht geben. Geschickt, übergeht sie das ganze Hin und Her und lenkt die Kinder mit einem Spiel ab.

Ruck-Zuck hat das Gequake vom einen zum anderen, von einer zur anderen Minute ein Ende!!!

Echt cool, wenn man die ganze Sache mal von einer anderen Perspektive aus betrachtet. Alles lapidar. Alles easy... **smile**....
Sind wir mal ehrlich, man regt sich viel zu sehr auf über Kleinigkeiten, oder?????
Manche Dinge sollte man viel gelassener nehmen. Denken wir doch selbst einmal an unsere Kindheit zurück.

Alles in allem ist es doch überall gleich.....

Ein Film läuft in meinem Kopf ab...
Ich grinse so vor mich hin, denn die Verhaltenweisen der Kinder kommen mir irgendwie bekannt vor, die Kiddies sind sich doch alle sehr ähnlich und ich denke gerade auch an meine zwei Nasen.

Tja mit einem Unterschied am heutigen Tag:
„Ich bin nur der Zuschauer"...

Oh, ein bisschen Wehmut ist schon dabei, dass meine zwei Rabauken jetzt nicht hier bei mir sind. aber in zwei Tagen bin ich wieder zu Hause.

Schnell wird der Alltag wieder eingekehrt sein und das Alltägliche nimmt rasch seinen Lauf. Damit beschäftige ich mich jetzt allerdings nicht, denn ich bin ja noch auf Urlaub... Weit weg von all den Sorgen, Gedanken, Arbeiten...

Es ist schon 18:00 Uhr und wir beschließen gemeinsam, dass wir noch ungefähr eine Stunde hier am Wasser verweilen und gegen 19:00 Uhr den Heimweg antreten.
Die Sonne steht noch immer hoch.
Mein Körper ist richtig aufgeheizt von der Sonne und ich beschließe, mich noch einmal im Meer zu erfrischen. Ich schwimme ein Stück hinaus und fühle mich unendlich glücklich und zufrieden. Als ich so schwimme, merke ich, dass sich hinter mir etwas bewegt und ich drehe mich um.

Der Bernersennenhund, der sich auf meinem Handtuch breitgemacht hat, ist mir ins Wasser gefolgt und schaut mich mit seinen treuen braunen Augen an. Hmmmm, ich habe wohl ein Stein im Brett, denn ich merke, dass er sich freut. Er schwimmt allerdings nicht alleine, nein sein Herrchen ist gleich hinter ihm.

Nach einer Weile schwimme ich wieder Richtung Strand und der Hund so wie sein Herrchen schlagen die gleiche Richtung ein, vermutlich haben sie genug vom Wasser..... **smile**... Von weitem sehe ich Maxi und Miriam, die inzwischen auch wieder im Wasser plantschen und ihre Wasserspiele machen. Sie bleiben ziemlich in Strandnähe, denn sie wissen, dass sie nicht weit hinausschwimmen dürfen.

Martina hat es vorgezogen, an Land zu bleiben um sich noch ein wenig bräunen zu lassen.

Am Strandufer angelangt gehe ich zurück an meinen Platz, trockne mich ab, marschiere durch den Sand zum Hundebesitzer, der wie sich später herausstellt, Peter heißt und der, wie ich sehen kann, auch an seinem Platz angekommen ist.

Hund und Herrchen sind gerade dabei sich zu trocknen und ich nutze natürlich die Gelegenheit, mein Handtuch abzuholen.
Der Mann bedankt sich nochmals mit einem Lächeln bei mir. Ich frage ihn ob man den Hund streicheln darf. Dieser nickt.
Der Hundebesitzer stellt sich vor und sagt: „Ich heiße Peter."

Der Hund, der übrigens Max heißt, scheint nur darauf zu warten, bis ich ihn endlich streichle. Ich kraule die wilde Mähne des Hundes und man kann sichtlich sehen, wie er das genießt.

Peter, der das Geschehen eine Weile beobachtet hat, kann sich eine Bemerkung nicht verkneifen und was glaubt ihr, was aus seinem Munde kommt??

„ Hmmmm, wenn ich mir das so ansehe, würde ich mich auch gerne kraulen lassen und das Ganze genießen."

Da ich nicht auf den Mund gefallen bin, schaue ich zu Peter hoch und erlaube mir einen Spaß: „ Ok sage ich, kein Problem, auf die Knie mit dir und ich kraule dir dein Haupt......"

Wir müssen beide lachen und er fragt mich, ob ich morgen eventuell wieder hier sei.
Was denkt ihr, was ich darauf antworte????

Ne, ne ich weiß, was ihr denkt, aber ich antworte mit einem klaren „Nein" denn ich möchte morgen an meinem letzten Urlaubstag nach Sellin fahren.

Mir kommt eine Idee und ich frage Peter, der übrigens aus Rügen stammt, ob er nicht mit Max nach Sellin mitkommen wolle.
Ein wenig überrascht über meine Frage, aber auch fröhlich und spontan antwortet er: „ Aber klar doch, das mache ich gerne und so kann ich Dir ein wenig von Sellin zeigen. Außerdem habe ich ja auch gerade Urlaub.

Oh wie nett, so schnell kommt man zu einem Reiseführer, mit dem man sich auch noch unterhalten kann. Also, doch,
„All inclusive" …**lach**….

Wir verabreden uns für den nächsten Tag um 9:00 Uhr.

Ich erkläre Peter kurz den Weg, der zu meiner Pension führt, verabschiede mich von ihm und von Max und gebe ihm zu verstehen, dass ich mich auf den morgigen Tag freue!!!!!

Pfeifend komme ich zu Martina und ihren zwei Kindern zurück.
Meine gute Laune hat etwas Verräterisches und so fragt mich Martina, was ich denn mit meinem Nachbarn besprochen habe.
Nichts, aber auch gar nichts kann man verbergen.
So erzähle ich ihr von meinem Date mit Peter, der mich morgen nach Sellin begleitet und sie ist zufrieden..... **lach**...

Aufbruchstimmung: Circa 19:00

Langsam packen wir unsere sieben Sachen und treten unseren Heimweg an.

Sowohl vom Herumtoben, als auch vom Faulenzen sind wir zum einen müde zum anderen hungrig geworden.

Tja, Ruhe macht auch müde!!!!!
Der Körper geht in die Entspannungsphase und
was macht man dann gewöhnlich? ! Korrekt, man
schläft...

In der Pension trennen sich erst mal unsere
Wege. Martina geht mit ihren Kindern, Maxi und
Miriam, die ziemlich müde von dem heutigen Tag
sind, in ihre Hütte. Sie wird dort mit ihren zweien
Abendbrot essen und ich: Ab in mein Zelt. Heißt
es nicht, der Mensch ist ein Gewohnheitstier?
Claro, ich gehöre auch dazu...... Ach was habe ich
mich schon an diesen Reißverschluss meines
Zeltes gewöhnt... **grins**... Zu Hause werde ich
es vermissen..... das weiß ich heute schon!
Wie zum Ritual geworden schnappe ich mein
Körbchen und gehe duschen.......

Der Abend ist noch jung.
Wieder frisch und einigermaßen erholt mache ich
mich daran und gehe nochmals Richtung Stadt,
um ein nettes Lokal aufzusuchen.
Es ist eine laue Sommernacht und den Duft des
Meeres kann man riechen. Es herrscht reges
Treiben in der Stadt...

Touristen tummeln sich in den Geschäften, während die einen sich umschauen, kaufen die anderen irgendwelche Andenken.

Für mich ist jetzt erst einmal Essen angesagt. Mich zieht es in ein nahe am Wasser gelegenes Restaurant, das auch gleichzeitig Zimmer vermietet, welches „Zum Lustgarten" heißt. Ja das verspricht einiges... **smile**...

Ein gut situiertes Lokal, indem man sich gleich wie zu Hause fühlt, denn der Service ist wirklich spitze!!!!
Heute bestelle ich mir ein Gläschen Rosé, dazu ein Filetsteak mit Kartoffeln an Salat.
„Echt empfehlenswert, einfach vorzüglich das Essen."

Die Krönung aber ist das Dessert.....
Passend zum Namen des Lokals wähle ich das Dessert „Liebeszauber......."

Sicher wollt ihr wissen, was das ist. Vanilleeis mit heißen Kirschen!!!!!!!! Mhmmmmm einfach genial, mhmmm köstlich!!!!!!! Schon von dem Gedanken daran läuft mir das Wasser im Munde zusammen, denn ich liebe Kirschen über alles.

Das hab ich mir verdient..... Nach der Kalorie schaue ich heute nicht, denn das Leben besteht nicht darin, dass man auf jede Kalorie schaut, oder??!! ...**lach**... Die Betonung liegt auf „JEDE"... **grins**...
Das ist sicher nicht im Sinne des Erfinders!!!!

Nachdem ich mir viel Zeit genommen habe, dies köstliche Essen zu genießen, sind sicher schon zwei Stunden vergangen.
Ich rufe den Kellner, bezahle meine Rechnung und gehe wieder hinaus ins wilde Treiben.
Inzwischen ist es schon recht spät am Abend, das stört aber die Menschen nicht.
Man hat das Gefühl, dass sich, je später der Abend wird, das Städtchen immer mehr mit Menschen füllt.
Die Menschen, die laue Sommernacht, das nächtliche Treiben, och das wird mir sicher fehlen, wenn ich zu Hause bin.

Gegen 23:00 Uhr steuere ich meinen Heimweg zur Pension an.

Eine kurze Wäsche und dann rasch in mein Zelt und nichts wie Augen zu, denn um 9:00 Uhr werde ich von meinem neuen Reiseleiter abgeholt... **smile**....

Versunken in meine Träume und meine Vorstellungen an den morgigen supi Tag, der leider nicht so lange dauern darf als die anderen Abende, schlafe ich friedlich ein. Nun dann schaun mer mal, was der letzte Tag so mit sich bringt.

10. August, die letzte Nacht im Zelt!!!!!

GRRRRRR!!!!!! Es ist 5:00 Uhr in der Früh. Durch ein Geplätschere werde ich wach. „Oh nein!" Draußen regnet es. Ganz toll!!!!
Zu meinem Unglück auch das noch. Dieses Klick, Klick, Klick in meinen Ohren, dieses monotone Geräusch, diese Regentropfen, wie sie auf das Zelt klopfen, lassen mich nicht mehr richtig einschlafen. Meine Kleider sind klamm und ich fühle mich wie durch die Wäsche gezogen, denn das Zelt ist nicht mehr ganz dicht.

Hi, hi, ich vermutlich auch nicht, sonst hätte ich mich sicher nicht auf solch ein Abenteuer eingelassen...

Einen Vorteil hat es, zumindest verschlafe ich
nicht, wenn Peter mich um 9:00 Uhr an der
Pension abholt. Ich hoffe nur, dass der Regen
aufhört und die Sonne wieder kommt.
Ich döse noch so vor mich hin in meinem Zelt und
stehe letztendlich gegen 8:00 Uhr auf.

Das Übliche folgt: Waschen, anziehen, beim
Nachbar, „dem Bäcker" frühstücken.
Ich lasse mir von dieser Feuchtigkeit, die mich
umhüllt, nicht den Tag verderben, vor allem weil
es mein letzter Urlaubstag ist.
So gegen 20:00 Uhr werde ich meinen Heimweg
antreten, hmm das nehme ich mir zumindest mal
vor, denn morgen kommen auch meine zwei
Nasen aus dem Urlaub zurück, das heißt ich muss
auf jeden Fall bis in den Mittagsstunden zu Hause
sein, egal wie!!!!

Es ist kurz vor 9:00 Uhr und ich sehe die beiden,
Peter und Max schon um die Ecke kommen.
Max rennt auf mich zu und begrüßt mich als
erster. Peter ist inzwischen auch da und begrüßt
mich mit einem Küsschen, das ich gerne erwidere.

Wir wollen noch viel von diesem heutigen
gemeinsamen Tag mitnehmen und starten somit
den Versuch, auch gleich wieder zu Peters Auto
zu gehen.

Nur, Max hat gar keine Lust gleich wieder ins Auto zu laufen, sondern möchte erst ein paar zusätzliche Streicheleinheiten, die er auch prompt von mir bekommt, denn so viel Zeit muss sein...

Erst dann ist Max zufrieden und wir schlagen die Richtung zu Peters Fahrzeug ein. Wir müssen um die Ecke gehen und kommen an einen Parkplatz, wo das Auto von Peter parkt.
Peter schließt auf, öffnet den Kofferraum und Max springt sofort ohne weitere Aufforderung in den Fond des VW-Passat, der mit einem Gitter zum vorderen Teil des Wagens abgegrenzt ist. Wir steigen vorne ein und los geht`s.
Der Regen hat inzwischen aufgehört und die Sonne blickt langsam aus den noch vorhandenen Wolken vor.

Peter hat aus meinen Erzählungen bereits festgestellt, dass unheimlich komische Dinge passieren, und erkundigt sich bei mir, ob sich dieser rote Faden auch zu Hause so weiter zieht oder ob ich weitgehend ein normales geordnetes Leben führe.

Ja fast nicht zu glauben meint er, wenn man bedenkt, was hier schon alles schief gegangen ist... **smile**... Er lächelt mich von der Seite an!!! Und ich, GRRRRRR!!!!!!!!!!!!!!!
Erst die Nacht in meinem Flitzer, anschließend das Dilemma kein Bett bekommen zu haben, das Desaster mit dem „Rasenden Roland", danach das verlorene Handtuch bzw. das abhanden gekommene Handtuch, und zu guter Letzt ein nasses, feuchtes Zelt, einfach erlebnisreich, das muss man einfach haben... **smile**... So stelle ich mir eine gelungene Reise vor... **lach**... !!!!!
Ein idealer Kurzurlaub, von dem man eine Menge zu erzählen weiß.

Max sitzt ganz brav im Kofferraum und Peter erzählt ein wenig über sich, während wir so durch die Landschaft fahren. Ich mache es mir auf dem Beifahrersitz gemütlich und lausche Peters Erzählungen.
So erfahre ich, dass er gerade 40 Jahre alt geworden ist, eine Tochter im Alter von 16 Jahren hat, die bei der Mutter lebt und dass er seit einem Jahr geschieden ist.

Er ist ein Physiotherapeut und Masseur, jedoch kein normaler, nein, er fährt zu seinen Patienten nach Hause.

Und die Liege bringt er gleich mit. (So können auch gebrechliche Menschen seine Dienste in Anspruch nehmen.
Eine tolle Sache finde ich!!!!

„Klasse", sage ich zu ihm, „das trifft sich ja gut, eine Massage, hm da hätte ich nichts einzuwenden."
Er lächelt mich wieder von der Seite an und sagt: „Schaun mer mal, was der Tag so bringt."
„Ne????? Du hast ein spitzbübiges Lächeln, das muss man Dir lassen," entgegne ich ihm!!!! „ Du hast den Schalk im Nacken sitzen."

Die Landschaft, die Alleen, die angenehme Begleitung, einfach toll......
Nach knapp 40 Minuten sind wir in Sellin angelangt.

Von weitem erspähen wir den nächsten Parkplatz, den wir ansteuern. Er parkt sein Auto, steigt aus, geht um das Auto herum und hält mir - wie es ein Gentleman macht - die Autotür auf.

Ich steige aus und strecke mich erst mal, denn nur vom Herumsitzen sind die Gelenke wie eingerostet... **smile**... Stimmt`s? Max ist inzwischen auch aus dem Auto draußen und sucht sich bereits seinen ersten Baum.......

Nun ihr wisst schon, die Rüden bleiben meist an jedem Baum stehen. Was für ein Glück, dass Peter noch neben mir steht,... **lach**...

Peter fragt mich, ob ich erst Action, dann Ruhe möchte oder umgekehrt.....
Ich sage ihm daraufhin, dass ich mich ganz auf ihn verlasse, jedoch zum Abschluss des heutigen Tages eine Massage von ihm möchte..... und lächle ihn an. Peter nimmt es so hin, ohne darauf einzugehen!!!!
Nun gut, ich folge Peter und Max und wir laufen Richtung Stadt. Wir spazieren im Ortskern herum, in dem sich lauter kleine Geschäfte befinden.
Weiße Bänke, ne Menge Blumenarrangements und Brunnen in lauschigen Sitzlauben machen diesen Platz zu einem Schmuckstück.
Romantisch, romantisch......... Ja da kann man das Träumen anfangen... In einer warmen, klaren Sommernacht...

Wir setzen uns in eine Laube und genießen einfach die gemeinsame Zeit. „Es ist wunderschön hier", sage ich zu ihm. Er nickt nur und antwortet daraufhin: „Ich weiß!"

Max hat es sich währenddessen unter der Bank bequem gemacht.
Nach einer Weile, merke ich, wie Peters Arm sich um meine Schulter legt. Es ist mir nicht unangenehm und so lasse ich es geschehen. Es tut gut, einmal nur umarmt und festgehalten zu werden. Ich schmiege mich ein wenig näher an ihn. Wir reden nicht viel, denn wir verstehen uns in diesem Moment auch ohne Worte......
Ich fühle mich nunmehr gar nicht mehr klamm, sondern warm und angenehm. Auch die Sonne meint es jetzt gut und es ist keine Wolke mehr zu sehen.

Ja wie heißt das Sprichwort: „Wenn Engel reisen, dann lacht der Himmel."

Komplikationen scheinen sich an diesem Tag nicht einzustellen!!!!!

Kurze Zeit später machen wir uns weiter. Die nächste Station ist ein nahegelegener Park.

Auch hier Ruhe pur, die Anlagen wunderschön hergerichtet und gepflegt, etwas fürs Auge eben. Übrigens, das wollt ihr sicher wissen gelle, schlendern wir jetzt Arm in Arm durch den Park?

Hmm klar tun wir das, das natürlichste eben auf der Welt, wenn Mann und Frau zusammenkommen.
Die Nähe, die Wärme die in der Luft liegt, ein tolles Gefühl.
Wir genießen die Zeit, berühren unsere Hände und vergessen alles andere um uns herum...

Mensch wie die Zeit vergeht, es ist schon Mittag und wir beschließen, uns ein schönes Lokal auszusuchen, um etwas zu speisen. Max hat sicher auch Hunger und Durst......

Froh darüber, dass Peter heute mein Reiseführer ist, lasse ich mich überraschen, in welches Lokal er mich führt.
Hinter dem Park befindet sich ein kleines gemütliches Restaurant, ebenfalls mit vielen Bäumen und Blumen ausgeschmückt.

Ein Restaurant für ein Stelldichein..... denke ich so bei mir.

Die Bedienung kommt auch gleich mit der Karte. Peter wählt ein Rumpsteak mit Zwiebeln und Kartoffelpüree ich wähle ein Pfeffersteak mit Kroketten und Salat, dazu trinken wir Rotwein. Lecker!!!!!

Es dauert nicht lange, bis unser Essen kommt.

Also, zu zweit macht das Essen schon mehr Spaß, bemerkt Peter so beiläufig. Ich stimme ihm zu, und bedaure gleichzeitig, dass dies heute der letzte Urlaubstag ist, denn sonst könne man sich ja nochmals treffen.
Dennoch bin ich froh, dass wir uns dank Max kennen.
Max hat indessen sein Wasser von der Bedienung bekommen und er bekommt zur Feier des Tages zwei Wiener.
Man braucht nicht lange zusehen denn mit zwei drei Bissen, ist die Wurscht weg... **smile**...
Vom Essen gesättigt, legt er sich gemütlich unter den Tisch. Jetzt können wir uns auch unserem Essen widmen, das bereits von der netten Bedienung serviert ist und wir beginnen zu Ende zu essen.
Nach dem Essen bestellen wir einen Espresso für Peter und einen Cappuccino für mich.

Meine Gedanken schwelgen für einen Moment
ab... schweifen an später... dann muss ich mich
nämlich von Peter und Max verabschieden.

Mir wird ganz anders, wenn ich daran denke,
denn ich habe die zwei schon liebgewonnen, also
verdränge ich den Moment des Abschiedes
erstmal und genieße die restlichen paar Stunden.
Schnell komme ich zur Realität zurück.
Peter macht sich wohl auch darüber seine
Gedanken. Ich merke, dass es auch ihm nicht
leichtfällt.....
So ist das Leben, man trifft Menschen, begleitet
sie ein Stück und verlässt sie eventuell wieder.

Bald haben wir unseren Espresso und Cappuccino
getrunken. Peter ruft die Bedienung und wir
bezahlen unsere Rechnung.
Beim Aufstehen sehe ich Max nicht, der wohl
gerade unter dem Tisch hervorgekrochen ist und
oh wie peinlich: Ich falle einfach über Max drüber.
Max schaut ganz verdutzt. Die anderen Gäste,
lachen sich eins ins Fäustchen und ich...... ich
liege vor Peters Füßen. „GRRRRRRR" Mir ist zum
Heulen zu Mute und Peter lacht..... Typisch
Mann... Jetzt macht er sich auch noch lustig über
mich..... geht mir in diesem Moment durch den
Kopf. Na warte.

Nach dem 1.Schock bitte ich ihn, mir vielleicht wieder auf die Füße zu helfen...

Ja, ja wenn Frauen nicht laufen können in ihren Schuhen, „Pariser Schuh und Odenwälder Füß"... **lach**...
Wenigstens hilft er mir hoch!!!!! Während er dies tut, flüstere ich ihm ins Ohr, dass ich für sein Lachen, Rache nehme......

„OK, OK", meint er, grinst so vor sich hin und antwortet mir: „ Ich lasse mich gerne überraschen!!!"

Nachdem ich die Welt wieder von oben her betrachte, verlassen wir das Lokal... Wie hab ich gedacht: „Ein Tag ohne Hindernisse"... das gibt es wohl bei mir zur Zeit nicht... !!"

Macht nichts, meine Fröhlichkeit kann mir niemand nehmen, sie steckt sogar alle Menschen um mich herum an, da machen so ein paar kleine Patzer nichts aus. Sie erfrischen den Tag. **smile**...!!!!

Bitte alles von einer anderen Perspektive aus betrachten und nicht alles so bitterernst nehmen. Manche Dinge muss man einfach geschehen lassen, denn man kann sowieso nichts dagegen tun!!! ...**Smile**...

Wir laufen wieder ein Stück durch die Gassen. Unsere nächste Station ist die Wilhelmstraße.

Gigantisch, die derwohl schönste Straße im Stil der Bäderarchitektur hier an der Ostseeküste. Das muss man einfach gesehen haben. Die prachtvollen Hotels und Pensionsbauten entzücken das Auge mit ihren reich verzierten Veranden und Balkonen.

Ich bin begeistert und dankbar, dass Peter sich mir als Reiseführer anbietet. Er erzählt mir viel von dieser Stadt, zum Beispiel auch, dass die meisten der über 100-jährigen Gebäude nach der Wende liebevoll restauriert worden sind. Zahlreiche Villenbauten im Jugendstil.

Er kann wirklich viel erzählen und es ist interessant, ihm zuzuhören. So viel Lebendigkeit und Esprit ist in seinen Erzählungen. Ich könnte noch Stunden mit ihm durch die Städte fahren und seinen Geschichten lauschen. Die Selliner Wilhelmstraße ist der prachtvolle Mittelpunkt des Ortes und führt direkt zur Seebrücke, die unsere nächste Station ist.

Wie ich von Peter erfahre ist die Seebrücke
das Wahrzeichen von Sellin. 400 Meter lang ist sie
und man fühlt sich, als sei man dem Horizont ein
Stückchen näher. Mehrere Restaurants, Bars und
sogar ein Tanzlokal zieren die Brücke.

Peter, ich und Max lassen diese Einzigartigkeit auf
uns wirken. Jede Minute möchte ich noch
auskosten, bevor wir die Heimfahrt nach Binz
antreten müssen.

Wir laufen die Brücke ab, schauen hinaus aufs
Meer, das unendlich scheint. Einfach herrlich,
mhmm... ich liebe den Duft des Meeres.
Wir steuern ein Strandcafe an. Dort machen wir
Halt, um etwas zu trinken.

Plötzlich fällt mir ein, dass ich ja noch ein
Andenken für meine zwei Kiddies besorgen muss.
Also nehmen wir uns vor, dieses als nächstes zu
tun, bevor wir zum ruhigen Teil übergehen.

Wir laufen, nachdem wir uns erfrischt haben die
Strandpromenade ab, rechts und links kleine
Stände mit Andenken, wohin das Auge reicht.
Wir kommen an einen Stand mit Bildern. Ein Mann
malt gerade ein Portrait. Peter spricht kurz mit
diesem Mann und kommt wieder zurück.

Er meint in zwanzig Minuten sollen wir nochmals vorbeikommen, dann würde er mich malen.

Ich schaue Peter komisch an, denn kann man ein Original wie mich so malen... **grins**... ????
Peter möchte ein Bild von mir haben. Ich tue ihm den Gefallen, aber nur, wenn er sich auch malen lässt. Der arme Max.....
Die Wartezeit überbrücken wir, indem wir uns nach einem Andenken für Matthiew und Melina umschauen.

In der Nähe sehe ich einen Stand mit Lederwaren. Zum einen möchte ich keinen Kitsch kaufen, zum anderen muss es etwas sein, das eindeutig darauf hinweist, dass ich hier war, das ich nicht, wo anders kaufen kann.

Dort angekommen, fällt mir ein Schlüsselanhänger aus Leder auf. Auf der einen Seite ist ein „M" zu sehen auf der anderen Seite eine Robbe mit dem Aufdruck „INSEL RÜGEN".
Ich entscheide mich für zwei verschiedene Motive und lasse sie mir einpacken.

Bei den anderen Ständen nehme ich noch ein paar andere hübsche Dinge mit, und denke so bei mir.

Die Andenken für meine zwei, das habe ich wohl erledigt, jetzt kann ich die restliche Zeit ohne Stress und in Ruhe ausklingen lassen.

Geduldig wartet Peter auf mich, während ich mich an den verschiedenen Ständen umschaue. Anschließend gehen wir wieder zu dem Künstler. Peter möchte nicht der erste sein, also setze ich mich hin, fahre mir noch einmal durch mein Haar, und..... der Künstler kann sein Werk vollbringen ...**grins**....

Es ist eine Bleistiftzeichnung. Oh... ich bin selbst überrascht, über das tolle Ergebnis. „Ein hübsches Bild". Ja, Peter reißt es auch gleich an sich aus Angst, ich könne es ihm wieder wegnehmen, kaum dass ich es mir angesehen habe, ...** lach**...

Peter und Max sind an der Reihe. Sie werden gemeinsam gemalt... Wenn schon, denn schon... Max hält wirklich ruhig, erstaunlich wie gemütlich das Tier doch ist.
Dann ist auch Peters Bild fertig. Der Maler hat wirkliches Können gezeigt, denn auch dieses Bild ist echt cool geworden...

Nachdem Peter und ich unsere neue Errungenschaft im Auto verstaut haben, gehen wir Richtung Strand.

Der gemütliche Teil des Tages kann beginnen. Hi, hi, dabei denke ich an meine Massage, die ich in absehbarer Zeit erhalte. ohne Wenn und Aber....

Am Strand angekommen, ziehen wir unsere Schuhe aus, laufen barfuß durch den nassen Sand. Max ist derweil schon im Wasser verschwunden, kommt aber auch gleich wieder heraus, denn wir suchen immer noch ein angenehmes schönes Plätzchen.

Kurzerhand finden wir bald eines und lassen uns nieder. Ein wenig geschützt soll es ja sein, ja ihr wisst ja, Massage ist angesagt.

Knapp zwei Stunden bleiben uns, bevor wir die Heimfahrt antreten müssen.

Peter holt inzwischen das Öl, bittet mich, den Verschluss des Bikinis zu öffnen und fängt an, mich einzuölen.

„Ups" Ich kriege ja Haut von Gans, wenn er mir so über den Rücken fährt, grrrr.

Ein Schaudern läuft über meinen Rücken,
dennoch genieße ich seine Hände, wie sie mich
sanft massieren. Ja es tut sichtlich gut und ich
schnurre so vor mich hin... ganz in meinen
Träumen versunken.

Auf einmal Peters Stimme: „Na alles klar, wie
gefällt dir das???", dabei lacht er verschmitzt. Er
reißt mich gerade aus meinen Träumen und ich
antworte daraufhin: „ Och menno, du bist ja ein
Spielverderber, gerade habe ich diese
Berührungen so genossen, da schreckst du mich
wieder auf und bringst mich in die Realität zurück."
Er sichert mir zu, dass er die Massage ein
andermal wiederholen wird. Aha, ein Versprechen.
Also gut antworte ich und wann bitte, ich nehme
dich beim Wort... Was denkt ihr, bekomme ich
eine genaue Antwort????
Ne, da habt ihr Pech, er antwortet nämlich kurz
und bündig „BALD". Tja auch ich muss mich fürs
erste damit zufrieden geben. **smile**.

Peter ist noch nicht ganz fertig, nein, zum
Abschluss darf er mir wieder den Verschluss des
Bikinis zumachen......
Ich bedanke mich bei Peter mit einer zärtlichen
Umarmung und einem Kuss.

Ich merke sichtlich, wie ihm das gefällt, denn er möchte gar nicht mehr aufhören... aber, Rache ist süß, gell? ! Ich stoße ihn sanft mit einem Lächeln zurück und erwidere: „BALD mehr".

Ja nun hat auch er eine kühle Dusche von mir bekommen... **smile**...

Langsam haben wir uns wieder gesammelt und sind der Meinung, dass wir erst mal ne Abkühlung brauchen... **grins**...
Wie kleine Kinder nehmen wir uns an die Hand und schlendern gemeinsam Richtung Meer.
Dort angelangt springen wir in die ankommenden Wellen und lassen uns treiben. Herrlich!!!!
Peter schwimmt ein Stück hinaus und ich ihm hinterher.
Plötzlich fängt er an zu paddeln und schlägt im Wasser herum. Erst einmal bricht die Panik bei mir aus!!! Oh, was tue ich jetzt???

Ich erinnere mich an meine Jugendzeit, an meinen Rettungsdienst bei der DLRG. Endlich bin ich bei ihm. Er jammert und macht mir deutlich, dass er wohl einen Krampf hat. Ich beruhige ihn und beginne, wie ich es gelernt habe mit den erforderlichen Rettungsmaßnahmen.

Irgendwie kommt mir die Sache spanisch vor, denn wenn ich mir Peters Gesicht, während ich ihn so im Wasser transportiere anschaue, kann ich eher einen entspannten, als einen verzerrten Gesichtsausdruck an ihm feststellen.

Oh warte, denke ich, dir gebe ich's. Nachdem ich mir auch wirklich sicher bin, dass Peter völlig ok ist und er nur den Ertrinkenden mimt, lasse ich ihn ruckartig los, tauche seinen Kopf unter Wasser und schwimme unter ihm weg.
Hi, hi, ** damit hat er natürlich nicht gerechnet. Die Suppe, beziehungsweise einen Mund voll „Salzwasser" hat er sich selbst eingebrockt. **Ha, ha, denn so schnell hat er gar nicht reagieren können.
Tja und ich mache mich daran, dass ich Land gewinne......

Provokant sitze ich am Strand und warte auf ihn. Lange dauert es nicht, bis er das Wasser verlässt und schnurstracks auf mich zugeht.

Seinem Gesicht ist anzumerken, dass er etwas im Schilde führt.

Leider habe ich jetzt keine Chance mehr darüber nachzudenken, welcher Rachefeldzug letztendlich folgt, denn innerhalb Sekunden geschieht folgendes: GRRRRR er stemmt sich mit seinen kräftigen Armen, mit seinen Händen die voll Schlamm sind, auf mir ab, reibt mich mit diesem nassen Schlamm sanft ein, wälzt mich im Sand herum und ja er küsst mich, so dass mir für einen Moment die Luft wegbleibt!!!

„So das hast du nun davon, schnaubt er und grinst mich an"

Ich lache ihn an, weil er immer noch außer Atem ist und das macht ihn noch rasender,... **smile**...

Nebenbei kann ich mir eine Bemerkung nicht verkneifen: „ Danke dir, für die Massage Nr.2! Ein tolles Erlebnis!! Ich glaube das muss ich noch mal haben, so ne Schlammkur!!"

Daraufhin antwortet er nur: „Du bist mir ne Marke..... ja gebe ich zurück, ne „Bärenmarke"... **lach**...

Der Tag ist so schön, dass ich gar keine Lust habe nach Hause zu brettern, aber.....
ich muss ja bald los.

Da hilft alles nichts.

Ausgelassen albern wir noch ein wenig, dabei berühren sich unsere Körper, unsere Hände eben auch immer nur so rein zufällig...
Wir üben im Vorfeld schon Nähe und Distanz, **smile**. Max interessiert sich überhaupt nicht für unser Spiel, sondern schläft seelenruhig im warmen Sand.

18:30 Uhr

Langsam müssen wir in die Hufen kommen und die Heimfahrt nach Binz antreten, denn für mich heißt es packen und gen Heimat fahren, sonst komme ich nicht rechtzeitig an und meine Kiddies, Matthiew und Melina müssen womöglich noch vor der Haustüre auf mich warten!!!!
Max, der gewittert hat, dass wir aufbrechen, ist bereits aufgesprungen und wartet geduldig, bis wir unsere sieben Sachen zusammen gepackt haben.

Am Taxi... **grins**..., Peters Fahrzeug angekommen, verstaut Peter die Strandsachen, während ich auf dem Beifahrersitz Platz nehme. Alle sitzen da, wo sie hingehören und....... die Rückfahrt geht los!!!!

Ein Knistern aber auch Spannung steht im Raum... **hi, hi**..., im Auto... , denn der Abschied rückt jetzt ziemlich nah.....!!

Es entsteht das Gefühl, dass das was man gerade bekommen hat, auch gleich wieder in den Verlust geht...... dennoch ein unheimlich tolles schönes Erlebnis, das nach Fortsetzung schreit...

Wir lassen unseren Gedanken freien Lauf und selegieren das Wesentliche vom Unwesentlichen!!!!
Ein gewisses Herzklopfen macht sich breit, denn wir sind bereits seit einer halben Stunde unterwegs und haben nunmehr die letzten Kilometer vor uns, bevor wir uns wehmütig trennen müssen.

Er lässt sich Zeit mit dem Fahren, doch nun biegen wir in die Straße, in der die Pension liegt. Peter hält sein Gefährt an. Ja wie kann es anders sein. Kaum hat er den Motor abgestellt, liegen wir uns auch schon in den Armen......
Er bedankt sich bei mir für diesen wundervollen Tag und teilt mir mit, dass es schön ist, dass es mich gibt!!!!

Freudestrahlend und glücklich nehme ich seine Worte auf und streichle ihm über die Wangen.
Ja ihr werdet es nicht glauben, aber eine Träne läuft über sein Gesicht!!!!

Auch mir fällt es in diesem Moment nicht leicht zu gehen!
Unsere Adressen haben wir vorab ausgetauscht, nicht dass wir dies im letzten Augenblick vergessen... **smile**...

Es tut gut, zu spüren, dass es Menschen wie Peter gibt, die voll Sinnesempfindung sind, die einfach nur da sind, wenn man sie braucht.

Ein neu entdecktes Gefühl, das ich schon lange vermisst habe.

Wir küssen uns noch einmal...Um die Sache ein wenig aufzuheitern, mache ich einen Scherz und sage zu ihm: „ So mein Lieber, jetzt ist aber Schluss mit der Knutscherei, sonst habe ich morgen früh geschwollene Lippen, wenn ich meinen Kiddies begegne... *grins*...
Er lächelt mich nur an und... steigt aus. Schneller als der Wind, steht er schon an meiner Tür, macht sie auf und lässt mich aussteigen. Max sitzt noch immer brav im Kofferraum.

Ich gehe zu Max und verabschiede mich auch von ihm.
Eigentlich weiß er gar nicht, was ihm geschieht, wenn ich so in seine treuen Augen sehe.

Noch einen Augenblick umarmen wir uns, schauen uns an und..... dann gehe ich durch den Eingang zu meiner Pension. Ich schaue jetzt nicht zurück, denn ich fühle, dass Peter immer noch da steht und mir hinterher schaut.

Die Tür schnappt ins Schloss..... Hmmmm jetzt stehe ich alleine hier und lasse meinen Träumen und Sehnsüchten Vorrang.

Morgen, wenn ich zu Hause angekommen bin, werde ich Peter anrufen, das habe ich ihm versprochen. Ich freue mich schon darauf!!!

Langsam setzt sich der Tag in meinem Kopf mit einem Glücksgefühl fest. Mit sehr spannenden Emotionen.
Aber....... ran an den Speck,... **smile**... Koffer packen und los... Ach wie schön doch alles hier ist...

Die Sonne scheint zwar nicht mehr, dennoch ein warmer Sommerabend......
Martina steht vor meiner Hütte,... **lach**... Zelt!!!

Eine halbe Stunde, denke ich, kann ich noch hier bleiben, dann aber muss ich los.
So verabreden wir uns im Vorhof der Pension, wo sich auch noch andere Feriengäste aufhalten und den Abend mit Gesprächen, sowie einem Gläschen Wein ausklingen lassen.

Martina sitzt schon gemütlich in der Runde, als ich dazu stoße.....
Vor lauter Plaudern und Lachen vergesse ich ganz die Zeit, nun ihr könnt euch ja denken, was passiert...... typisch, denn aus ner halben Stunde sind zu guter Letzt dreieinhalb Stunden geworden..... Och Menno!!!!! Wenn ich jetzt an die Heimfahrt denke!!!!
Mir wird ganz schwindelig!!!! Doch das nützt jetzt auch nichts.....

11. August inzwischen 00:00 Uhr

Nachdem ich noch ein paar Fahranweisungen bekommen habe, wie ich jetzt am schnellsten nach Hause komme, verabschiede ich mich ganz herzlich von meinen neuen Bekanntschaften... von Martina und ihren zweien, die zur Feier des Tages, sorry, der Nacht, noch wach bleiben dürfen.

Ich bedanke mich beim Wirt und dessen Frau Claudia, mit der ich mich ebenfalls angefreundet habe, für die Gastfreundschaft und für mein Zelt... **hi, hi**...

Mit den Worten: „ Dies Abenteuer werde ich so schnell nicht vergessen", mache ich mich vom Acker.

Die Rückfahrt beginnt

In Windeseile sitze ich in meinem Flitzer, drehe den Schlüssel des Zündschlosses herum, mache das Autolicht an und starte durch. Die Rückreise beginnt. Wenn dann nur mal alles gut geht!!!!!! Denn ein wenig müde bin ich schon.

Ich fahre diesmal über Rostock, das geht schneller. Also, morgen muss ich bis spätestens zwölf Uhr zu Hause sein.

Um mich ein wenig von der Dunkelheit abzulenken, schalte ich das Radio an und lausche der Musik. Bisher verläuft alles ruhig. ...**Smile**... , ihr werdet verwundert sein, aber ich finde Rostock ohne Hindernisse, ohne mich zu verfahren... „ Klasse", denke ich so bei mir.

Wenn das so weiter geht, bin ich pünktlich zurück.

Also, an Rostock vorbei, erst Richtung Berlin, dann Richtung Würzburg, jau irgendwann klar doch Richtung Frankfurt...

Während ich so ne ganze Weile inmitten der Dunkelheit unterwegs bin, kaum ein Auto zu sehen ist, merke ich doch langsam wie meine Glieder müde werden. So beschließe ich auf einen Rastplatz zu fahren, um ein wenig Luft zu schnappen und mir die Füße zu vertreten.

Lange muss ich auch nicht weiterfahren, bis ein Schild kommt: „Nächster Rastplatz 5 km." Die erste Hürde ist geschafft. Mit dem Fuß vom Gas, fahre ich gemütlich auf den Rastplatz ein. Ich drehe gerade den Zündschlüssel ab, als plötzlich neben mir ein paar komische Gestalten auftauchen!!!!
Grrrrr, mir wird Angst und Bange. Ihr glaubt gar nicht, wie wach ich jetzt bin... **smile**... Statt auszusteigen, verriegle ich erst einmal mein Auto. Auf die drei Herren da draußen reagiere ich überhaupt nicht, sondern tue so, als suche ich etwas in meiner Tasche.

Anschließend nehme ich mein Handy und haue wie wild in die Tasten.

Die drei haben sich nach kurzem hin und her endlich von meinem Auto entfernt und sind glücklicherweise weitergefahren...

Boahhhh..... Ich müsste ja mal ganz dringend für kleine Mädchen, aber ich habe durch diese Aktion eben, ein so mulmiges Gefühl, dass ich es einfach unterdrücke, den Schlüssel meines Wagens wieder herumdrehe und mache, dass ich hier weg komme! Mit dem „Für kleine - Mädchen" wird es erst mal nix!!!

Was für ein Glück, dass ich noch Proviant mitgenommen habe, vor allem habe ich aber auch etwas gegen den Durst dabei..... Sonst wäre ich jetzt wohl aufgeschmissen.

So ist das mit mir... **smile**... Ein Unglück kommt selten allein!!!

Mit Karacho geht's wieder auf die Autostrada!!!!

Ich nehme mir vor, jetzt keinen Rastplatz mehr aufzusuchen, wenn es nicht wirklich sein muss.

Im Falle dass ich keinen Sprit mehr habe oder ich wirklich so dringend auf das stille Örtchen muss, so dass ich es unmöglich bis zu Hause aushalte, bleibt mir eben keine andere Wahl!!!!

Die Fahrt geht demnach weiter..... Dunkelheit um mich herum. Ab und an mal ein Auto, welches an mir vorbeizischt.....

Meine Gedanken haften fest sich am gestrigen Tag mit Peter...
Froh darüber, dass sich meine Gehirnzellen gerade mit diesem Erlebnis beschäftigen, ratter, ratter, **smile** vergesse ich den Vorfall vom Rastplatz recht schnell, und denke an die schöne Zeit zurück. Fest entschlossen ihn wiederzusehen.

Die sanfte Musik aus dem Radio tut ihr eigenes dazu. Mhhhhmmmmm, dabei kommen wunderbare Emotionen hoch.....

Kurzerhand wende ich den Blick auf meine Tankuhr. Diese verheißt nichts Gutes!
So wie das hier aussieht, komme ich nicht daran vorbei, Benzin zu tanken, da der Tank nur noch viertels voll ist!!!!

Schauder laufen mir über den Rücken, denn ich habe keine andere Wahl. Mit meinem Wasser, welches ich hier herumliegen habe, komme ich leider nicht weiter. Also gehört die nächste Tankstelle mir.

Tja da nützt alles nix. Da heißt es „aussteigen"... !!

Ich bin doch ein armer Teufel... **grins**..., ja, ja, Teufelin. Mir bleibt aber auch gar nichts erspart... So steuere ich meinen kleinen Flitzer zur nächsten Tankstelle. Inzwischen steht meine Tankanzeige fast auf Reserve, als ich an der Zapfsäule ankomme.....
„Boah... Schwein gehabt."

Noch ein paar Kilometer und: Oh ich will jetzt gar nicht weiterdenken... Ihr wisst sicher was...
gelle...
Tja, wenn der Sprit bis zur Tankstelle nicht gereicht hätte!!!
Darüber brauche ich mir allerdings keine unnötigen Sorgen mehr machen, denn... Sprit gibt's hier „o mass".

Was für ein Glück, keiner macht mich irgendwie von der Seite an, und ich beginne langsam, mich wieder etwas sicherer zu fühlen.

Hurtig marschiere ich Richtung Toilette, denn es ist doch schon ziemlich dringend... **smile**...

Erleichtert komme ich an mein Auto zurück... und die Fahrt geht weiter. Anstrengend ist es schon, denn die Dunkelheit tut ihr Nötigstes, um mich so richtig müde werden zu lassen.

Das Einzigste, was mich zurzeit wach hält, ist meine Stimme und der Radio. Ja ihr lest richtig „meine Stimme". Ich singe lauthals mit den Klängen, welche aus dem Radio ertönen. „Och wie müde bin ich".

Wie gerne hätte ich jetzt mein Bett und. sch. sch. schlafen,... **lach**.... Leichtsinn wird bestraft.....

Zusammenreißen ist die Devise. „Disziplin".
Und nur keine Panik jetzt!!!
So passiere ich einen Kilometri nach dem anderen... Die Nacht neigt sich dem Ende zu und ich nähere mich dem bekannten Städtchen Frankfurt..... Oh wie schön!!!!
Hundert Kilometer sind es noch bis nach Frankfurt.

Es ist inzwischen 7:00 Uhr in der Früh.

Meine Unbekümmertheit ist nach dieser doch anstrengenden Fahrt auch wieder zurückgekehrt. Ich nehme mir vor, den nächsten Rastplatz anzufahren, um mir erst mal ein bisschen Wasser fürs Gesicht und anschließend einen heißen Kaffee zu genehmigen.

Der nächste Rastplatz befindet sich in greifbarer Nähe.

Ich steuere mein Fahrzeug zum Parkplatz. Dort stelle ich mein Auto ab und steige mit ein paar Waschutensilien aus, um mich ein wenig frisch zu machen.

Oh meine Glieder, mein Kreuz, irgendwie tut mir auf einmal alles weh...
So denke ich bei mir: „ Ja, ja ab einem gewissen Alter brauchen die Gelenke –Schmiere-, damit sie auch einwandfrei funktionieren, hi, hi mit 36 Jahren, ist man ja nicht mehr die jüngste für solche Unterfangen"...
Im Waschraum angekommen, kümmere ich mich erst einmal um mein Gesicht, **lach**. Und wer weiß, wem ich heute früh noch alles so begegne... **freches grinsen**... Zufrieden und frischgewaschen mache ich mich daran, das Restaurant aufzusuchen, damit ich zu meinem wohlverdienten heißen Kaffee komme.

Mhmmm, der Duft nach frisch gemahlenen Kaffeebohnen, ja er liegt mir immer noch in der Nase. Könnt ihr ihn riechen? !!
Dazu ein dunkles gesundes Brötchen... und der Tag ist gerettet.

Nun fast eben, denn ich bin heilfroh, wenn ich vor meiner Haustüre stehe und endlich meine Äuglein, zumindest noch für ne Stunde, bis meine zwei Nasen kommen, zumachen kann.

8:30 Uhr

Endlich komme ich in Frankfurt an. Das heißt für mich, noch circa eine Stunde Fahrt bis ich schlussendlich an meiner Wohnung ankomme.
Meine Augen werden immer schwerer und die Fahrt wird zur Strapaze.
Jetzt nur nicht schlapp machen.
Für einen Augenblick, fallen mir die Augen zu, dabei verzerre ich ein wenig das Lenkrad. Ein gefährliches Unterfangen, das bitte nicht zur Nachahmung geeignet ist.
Blitzschnell bin ich wieder wach und merke, dass ich jetzt unheimlich aufpassen muss, wenn ich nicht in einen Sekundenschlaf verfallen möchte.

Das war wohl doch keine gute Idee von mir, solange wach zu bleiben..... Immerhin bin ich seit fast 24 Stunden wach.

9:45 Uhr

Ihr werdet es nicht glauben, Ohhhhh ich biege gerade in die Straße ein, in der ich wohne. Noch einen Meter und..... das Auto steht!!!!

Schnell drehe ich den Zündschlüssel herum und der Motor meines Autos geht aus. Überglücklich, gesund und na ja, munter nicht gerade ...**grins**... mein Ziel erreicht zu haben, steige ich mit meinem Koffer, der auf der Rücksitzbank liegt aus. Nichts wie raus und ab in meine Wohnung!!!! „Schlafen"

Geschafft... der Zeiger der Uhr steht jetzt auf 10:00 Uhr. Ich stelle kurz noch meinen Wecker auf 11:30 Uhr, denn gegen zwölf kommen Matthiew und Melina aus ihrem Urlaub zurück.

Den Koffer stelle ich in den Hausflur und falle so wie ich bin, in voller Montur auf mein Bett und versinke in meine Träume. So schnell habe ich, so weit ich mich zurück erinnern kann, schon lange nicht geschlafen.

Pünktlich um 11:30 Uhr klingelt mein Wecker. Grrrrr, am liebsten würde ich ihn einfach ausschalten und weiterschlafen, aber es nützt nichts ich muss raus, bevor die zwei kommen.

Die restliche Zeit vergeht wie in Trance, ja ich werde eben nicht richtig wach... ** smile**... Das hab ich nun davon.

12:00 Uhr

Die Tür klingelt... Voll Freude und Erwartung meine beiden in die Arme nehmen zu können, eile ich an die Tür.
Hi, hi so stürmisch wie heute bin ich schon lange nicht mehr begrüßt worden von meinen Rabauken. „Och wie schön, denke ich so bei mir". Selig, dass ich sie wieder habe.

Mein Noch-Mann verabschiedet sich von den zweien, nachdem wir noch kurz miteinander gesprochen haben und die Tür fällt ins Schloss.

Jetzt sind wir wieder alleine und zu dritt...

Inzwischen ist es 13:00 Uhr

Der Alltag geht natürlich gleich los, so habe ich kurz ein paar Spaghetti Bolognese und feinen Salat gemacht.
Meine Tochter liebt meinen Salat über alles!!!

Anschließend decken wir gemeinsam den Tisch.

Wie hungrige Wölfe stürzen sich die beiden auf das Essen, ...**lach**.... Ich frage sie, ob sie nichts zu essen bekommen haben und sie antworten:

„Doch Mami, aber dein Essen ist immer so lecker". Ich schmunzle und bin zufrieden, denn es ist doch ein nettes Kompliment, wenn den Kindern das Essen schmeckt. Oder???

Sie haben viel zu erzählen, die zwei. Manchmal muss ich sie zur Ruhe mahnen, weil sie kreuz und quer plappern, so dass ich von Zeit zur Zeit gar nichts verstehe......

Langsam hat sich der Urlaub der beiden gesetzt. Sie erzählen von Papis neuer Freundin, dass sie lieb sei und dass sie viel zusammen gemacht haben. Das freut mich natürlich, dass alles gut ging.

Ja, nachdem der Redeschwall von Matthiew und Melina ein wenig nachgelassen hat, wende ich mich an sie und frage: „ Na ihr zwei, wollt ihr nicht wissen, was ich die fünf Tage alleine gemacht habe? „ Aber klar doch, Mami erzähl mal. Und warum siehst du eigentlich so müde aus." Erst jetzt ist das Matthew aufgefallen... **Hi, hi**...

Ich spanne sie nunmehr auch nicht länger auf die Folter und erzähle ihnen von meiner Reise nach Rügen. Ich hole meinen Atlas hervor und zeige ihnen auf der Landkarte, wo das ist.

Boah, sie kommen aus dem Staunen gar nicht
heraus.
Matthiew will mir gar nicht glauben.

Liebevoll nehme ich sie bei den Händen und sage:
„So meine Lieben, auf diese Situation habe ich
mich bewusst vorbereitet, ich habe gewusst, dass
ihr mir nicht glaubt, dass ich so weit weg war". „Ich
habe euch etwas mitgebracht."

Nichts Schöneres, als in erwartungsvolle
Kinderaugen zu schauen... Im Flur, steht noch
immer der Koffer. Nur wo ist denn mein Korb????
Hmmmm, die Suche beginnt, denn die Mitbringsel
befinden sich im Korb, nicht im Koffer.

Wie an Ostern beim Eiersuchen... **smile**...,
doch diesen verdammten Korb finden wir nicht.

Enttäuschung macht sich breit bei den Kiddies.
Ich beruhige sie und überlege mir, wo denn dieser
verflixte Korb sein könne.
Der erste Gedanke: „ Um Gottes Willen". Den
muss ich auf Rügen vergessen haben.

Ich versichere Matthiew und Melina, dass sie bald
ihr Geschenk bekommen und sage ihnen, dass ich
in dieser Pension anrufe und nachfrage.

Gesagt getan!!!

15.30 Uhr am Nachmittag

Ich wähle die Handynummer der Wirtin aus der Pension.
Nach zweimaligem klingeln ist Claudia auch schon dran.

Ich: „Hi Claudia, zum einen möchte ich euch mitteilen, dass ich zwar müde aber gesund zu Hause angekommen bin, zum anderen vermisse ich meinen Korb. Ist er eventuell bei euch aufgetaucht????"

Claudia antwortet daraufhin: Hey du, ich bin zurzeit am Strand, sobald ich jedoch wieder zurück bin, werde ich nach deinem Korb sehen und dich zurückrufen.
Was sie freut ist die Tatsache, dass ich gesund und heil und ohne Pläsierchen in der Heimat angekommen bin!!!

Die Suche geht weiter...

Alles in der Wohnung habe ich abgesucht, doch von meinem Korb keine Spur. Das gibt es doch nicht. Bis mir nach langem die Idee kommt doch noch einmal an mein Auto zu gehen...
Hmmmm. So langsam werde ich wieder wach!!!!

Ihr merkt es schon, gell????

Unten angekommen, mache ich den vorderen Bereich des Autos auf. Nichts von meinem Korb zu entdecken. Ich gehe zum Kofferraum und schließe dort auf.....

Uppppssss, hi, hi, wie schön, „Überraschung"... **lach**... Ich habe meinen Korb blöderweise im Kofferraum verstaut. Vor lauter Müdigkeit habe ich eben nicht an den Kofferraum gedacht, denn mein Koffer befand sich ja im Innenraum meines Wagens.....

...**Oh wie dusselig**...

Kaum bin ich mit meinem Körbchen oben, werde ich auch schon wieder mit Worten bombardiert, wo denn nun das Geschenk sei.

Sie kramen selbst darin herum und haben neben ein paar Waschutensilien, auch ihre Geschenke gefunden.

Beide sind begeistert von diesen Lederanhängern. Was Melina jedoch noch auffällt...... „Hmmmm, Mami wer ist das denn?"

Melina hat das Bild von Peter und Max in der Hand.....

Ja mein Schatz, das sind Peter und Max, diese beiden habe ich auf Rügen kennen gelernt und sind ganz lieb.
Oh, oh jetzt geht die Fragerei los......
Gerne erzähle ich von meiner Begegnung mit Peter und sage ihnen auch, dass er uns besuchen kommt.
Ich erzähle ihnen, wie er mir Sellin gezeigt hat, wie ich über Max gestolpert bin und Peter mich ausgelacht hat. Auch meine beiden müssen über die Geschichte, dass ich so mir nichts, dir nichts über den Hund falle, lachen!!!

Sie finden das natürlich klasse, wenn Peter zu Besuch kommt, vor allem wenn er Max mitbringt... Und am liebsten wäre ihnen, er würde heute schon kommen.

Ja die Ereignisse überschlagen sich an dem heutigen Tag.

Erst am Abend fällt mir ein, dass ich Claudia überhaupt nicht Bescheid gesagt habe, dass der Korb inzwischen aufgetaucht ist.

Dies werde ich gleich nachholen. Erneut lasse ich auf Claudias Handy anklingeln. Diese nimmt auch prompt ab.

Noch bevor ich eine Äußerung machen kann, fällt sie mir auch schon ins Wort und sagt: „ Also wir haben die ganze Pension abgesucht und alle Gäste gefragt, aber dein Korb... nirgendwo aufzufinden.

Lauthals lache ich ins Handy... "Sorry, meine liebe Claudia, den könnt ihr nicht finden, denn er war bei mir im Kofferraum. Ich habe einfach vor lauter Müdigkeit vergessen, dir Bescheid zu sagen."
Jetzt kichern wir beide und sind froh, dass alles da ist, wo es hingehört.....
Oh was für ein Abenteuer. Wundervoll!!....

Wir unterhalten uns noch einen Moment, dann legen wir auf. Den Kontakt möchten wir aufrecht erhalten. Für die nächsten Ferien habe ich sie zu mir eingeladen. Gerne kommen sie auf die Einladung zurück.

Der Tag neigt sich dem Ende zu

Ich drücke heute noch ein Auge zu, denn Matthiew und Melina sind ziemlich aufgedreht.
Wir albern noch ein bisschen im Bett herum, machen eine Kissenschlacht und um 21:00 Uhr ist für heute Feierabend. Zumindest für die zwei...

Man merkt, wie glücklich sie heute sind,
vollkommen zufrieden.
Wie jeden Abend bevor sie schlafen, haben wir
noch eine Gute - Nacht - Geschichte, die ich euch
gerne mal erzählen möchte und zwar geht die so:

Es war einmal ein Mann,
der hatte einen Schwamm,
der Schwamm war ihm zu nass,
da ging er auf die Gass,
die Gass war ihm zu kalt,
da ging er in den Wald,
der Wald war ihm zu grün,
da ging er nach Berlin,
Berlin war ihm zu groß,
da ging er nach Davos,
Davos war im zu klein,
mhmmm da ging er wieder heim,
daheim, legt er sich ins Bett
und... ja er streckt die Füß bis an die Deck!!!!!

Eine Gaudi für Kiddies, wenn dann die Füße an
die Decke fliegen!!!!
Dieses Gedicht hat mir meine Mutter schon
erzählt. Auch ich habe mich immer wieder gefreut.
So jetzt wird aber geschlafen.... Noch zwei
Küsschen und ich verlasse das Zimmer. Es dauert
wohl keine Viertelstunde bis sie völlig überwältigt
von den Ereignissen eingeschlafen sind.

21:30 Uhr

Ich bin sichtlich froh, dass ich morgen noch nicht früh aufstehen muss, denn das könnte ich vergessen!!!
Peters Nummer habe ich schon im Wohnzimmer deponiert, während ich mir einen Tee koche...
Außerdem zünde ich mir eine Kerze an.
„Och wie gemütlich", denke ich so bei mir, nachdem ich mich auf meiner Couch niedergelassen habe. Ein ganz anderes Wohngefühl als im „Zelt"... **lach**...

Aufgeregt wähle ich Peters Nummer.
Bereits nach dem ersten klingeln wird der Hörer abgenommen und eine Stimme meldet sich mit: „Hier Peter Neumann" Viel zu eifrig antworte ich zurück mit: „Hi, ich bin`s."

An seiner Stimme kann ich erkennen, dass er sich sehr über meinen Anruf freut.
Er gibt mir zu verstehen, dass er sich schon große Sorgen gemacht hat, da er bisher nichts von mir gehört habe.
Ich beruhige ihn, erzähle ihm, dass mich meine zwei den Tag über in Beschlag genommen haben und schildere ihm meine abenteuerliche Rückfahrt.

Total nervös zupfe ich an meinen Haaren herum, Knistern liegt in der Luft!!! Fast stockt mir der Atem.

Grrrrrr, wenn ich über die drei Gestalten nachdenke, den fast leeren Tank, letztendlich auch noch über den fast eingetretenen Sekundenschlaf, ja das hätte mir zum Verhängnis werden können.....

Peter ist von meinen Erzählungen entsetzt und meint: „ Also dich darf man normalerweise keine Sekunde aus den Augen lassen, nicht wahr?, sonst muss man bei dir auf alles gefasst sein".

Ich merke, dass er lächelt und ich fühle mich unheimlich glücklich in diesem Moment.

Ja er ist so fern, und doch so nah!!!! Wer hätte das noch vor zwei Wochen gedacht, dass ich einem ganz lieben Menschen begegne.

Unsere beginnende Geschichte wird vorab nur durch unsere Fantasien, Träume und Hoffnungen bestehen und wer weiß, was daraus wird??? Uns ist das bereits klar!!!!

Die Wärme steigt mir nicht nur zu Kopf. Meine Ohren sind schon ganz rot... smile**... Wir

erzählen, säuseln uns gegenseitig nette Dinge ins Ohr, hmmm, was wird nicht verraten,... ** hi,hi**....
Ich sage ihm, wie schön es ist ihm begegnet zu sein und wünsche mir, dass er bald hier sein wird.
Er widerspricht mir nicht, sondern auch er hat nur einen Wunsch, so schnell wie möglich mich wieder zu sehen. Ja Gefühle sind dazu da, sie auszudrücken, man kann sie nicht einfach wegdrücken. Sie sind vorhanden und wir lassen ihnen freien Lauf.

Mir fällt auf, dass ich ihn schon jetzt vermisse, aber er macht es mir auch nicht leicht.....
Ihm geht es genauso. So bleibt uns zur Zeit nur das Telefon!!!!!

Über diese Erfindung bin ich glücklich!!!! Geht es euch genauso????? Bisher war ich mit mir als Erfindung ganz zufrieden!!!! ...**smile**...

Wir albern, erzählen über Gott und die Welt.

Über die Nachricht, dass meine zwei, ihn und Max so schnell wie möglich kennen lernen möchten, ist er hoch erfreut.....
Ja, ja natürlich nur wegen Max, entgegne ich ihm ...**frechgrins**....

Es ist bereits 00:00 Uhr

Mensch wie die Zeit vergeht!!!!
Der Tee leer, die Kerze abgebrannt und ich, nun ja erwähnen wir das jetzt lieber nicht ...**grins**....
Total ausgelaugt und vollkommen erschöpft. Eben wie durch die Mangel gedreht... **Hi,hi**...

Gegen 0:30 Uhr beschließen wir, unser liebevolles Telefonat zu beenden mit dem Konsens, es am morgigen Tag fortzuführen.

Vermutlich hätten wir noch Stunden erzählt. Aber einer muss ja konsequent sein. „Grrrrrr"!!!

Für heute beenden wir das Gespräch und: „Der Hörer fällt auf die Gabel".
Hmmmm alleine!!!! Alleine mit meinen Gedanken an Peter..... Erinnerungen, als sei es gerade passiert, dass er mich umarmt und festhält....

Ich tauche ein in meine Fantasien, räume den Tisch ab, mache die heruntergebrannte Kerze aus und gehe ins Bad.

Dort erledige ich meine Katzenwäsche, denn groß duschen werde ich heute Nacht nicht mehr!!!!
...**schmunzel**... „Könnt ihr das verstehen???"

Mit Schmetterlingen im Bauch gehe ich zu Bett. Ich mache die Augen zu, lasse die paar Tage Rügen vor meinen Augen Revue passieren, denke ganz fest an Peter und daran, wie sich unsere Geschichte entwickelt, denn eines vorweg, sie wird wunderschön, da bin ich mir sicher......
Huch ich bin verliebt!!!! Er auch???? ...**grübel, grübel**...

Ich bereue keine Sekunde, diese Fahrt unternommen zu haben und wünsche mir, dass es viele nachmachen.

Erfahrungen müssen gesammelt werden, auch wenn sie manchmal so chaotisch sind!!!! ...**smile**... denn dadurch sind wir, wer wir sind!!!

Das Leben ist wie eine Bühne, wir alle sind Schauspieler, der eine besser der andere schlechter, aber jeder mit der gleichen Chance, das Beste daraus zu machen.

Ermunternd für euch, macht etwas, wozu ihr Lust habt und es wird eine Freude sein.

Erinnert euch an die kleinen Freuden des Lebens und ihr werdet großes Glück erlangen. Was nützt alles Geld, ohne ein Herz zu haben für die Wesentlichen Dinge im Leben.

.....Jetzt habt Ihr sicher auch

Lust auf Mee(h)r??!!

Ich danke vor allem meinen zwei Kindern, die mich inspiriert haben, die mir immer wieder Kraft und Mut geben den richtigen Weg einzuschlagen.

Ich hoffe, dass ich Euch mit einer gewissen Spannung, aber auch mit viel Leichtigkeit

„Die Lust auf Mee(h)r"

übermitteln konnte..........